Primeros Lectores Ciencias
Máquinas Simples

Poleas

Texto: Michael Dahl
Traducción: Dr. Martín Luis Guzmán Ferrer
Revisión de la traducción: María Rebeca Cartes

Consultora de la traducción:
Dra. Isabel Schon, Directora
Centro para el Estudio de Libros
Infantiles y Juveniles en Español
California State University-San Marcos

Bridgestone Books
an imprint of Capstone Press
Mankato, Minnesota

Bridgestone Books are published by Capstone Press
818 North Willow Street, Mankato, Minnesota 56001 • http://www.capstone-press.com

Library of Congress Cataloging-in-Publication Data
Dahl, Michael S.
　　[Pulleys. Spanish]
　　Poleas / de Michael Dahl; traducción de Martín Luis Guzmán Ferrer; revisión de la
traducción de María Rebeca Cartes.
　　　　p. cm.—(Primeros lectores ciencias. Máquinas simples)
　　Includes bibliographical references and index.
　　Summary: Describes many different kinds, uses, and benefits of pulleys.
　　ISBN 1-56065-794-4
　　1. Pulleys—Juvenile literature. [1. Pulleys. 2. Spanish language materials.]
I. Title. II. Series: Early reader science. Simple machines. Spanish.
TJ1103.D3418　1998
621.8'11—dc21

　　　　　　　　　　　　　　　　　　　　98-18751
　　　　　　　　　　　　　　　　　　　　　CIP
　　　　　　　　　　　　　　　　　　　　　AC

Editorial Credits
Martha E. Hillman, translation project manager; Timothy Halldin, cover designer

Photo Credits
FPG/Dennis Cox, 8
International Stock, 20, Michael Phillip Manheim, 14
Unicorn/Jay Foreman, cover; Eric R. Berndt, 4, 12; Andre Jenny, 16; Aneal Vohra, 10
Visuals Unlimited/A. Copley, 6; John D. Cunningham, 18

Contenido

Máquinas 5

¿Qué es una polea? 7

Sistemas de poleas 9

Polea fija individual 11

Polea movible individual 13

Poleas en acción 15

Más de una roldana 17

Aparejo de poleas 19

Grúas 21

Manos a la obra: Haz tu propio aparejo de poleas 22

Conoce las palabras 23

Más lecturas 24

Índice 24

Máquinas

Las máquinas son cualquier herramienta que ayuda a la gente a trabajar. La polea es una máquina. Las poleas nos sirven para levantar una carga.

¿Qué es una polea?

Una polea es una roldana. Las poleas trabajan con cuerdas y cadenas. La cuerda o la cadena se introduce en la ranura de la polea. La ranura impide que la cuerda o la cadena se salgan.

Sistemas de poleas

Al funcionar juntas las poleas y las cuerdas
o cadenas, forman un sistema de poleas.
Las poleas pueden ser grandes o chicas.
Pueden estar hechas de metal, madera o
plástico. Las poleas con dos roldanas
alineadas se llaman aparejos.

Polea fija individual

Una polea fija individual tiene una sola roldana. Ésta siempre se queda en su sitio. Las poleas fijas individuales no dan más fuerza a la gente. Unicamente ayudan a la gente a mover las cosas de abajo para arriba. Las astas de banderas tienen poleas fijas individuales. Éstas suben o bajan las banderas.

Polea movible individual

Una polea atada a la misma carga se llama una polea movible individual. La polea movible individual le da a la gente más fuerza. Con una polea movible individual, la gente puede levantar el doble de peso que podría levantar sin ella.

Poleas en acción

Un ascensor para esquiar utiliza una polea movible individual. Las sillas del ascensor para esquiar tienen poleas en la parte superior. Un cable sube las sillas de la tierra a la cumbre de la colina nevada. El ascensor para esquiar además baja otra vez las sillas a la tierra.

Más de una roldana

Entre más roldanas tenga el sistema de poleas, mayor será su fuerza. Un puente levadizo usa un sistema de poleas con varias poleas y cables funcionando juntos. Un puente levadizo pesado se abre fácilmente por su sistema de poleas.

Aparejo de poleas

Un aparejo de poleas es un sistema de poleas que usa una cuerda con diferentes roldanas. Un aparejo de poleas nos da más fuerza para mover objetos. Los marineros usan los aparejos de poleas para levantar las velas de sus barcos. Los trabajadores de los circos usan los aparejos de poleas para levantar sus enormes carpas.

Grúas

Las grúas son enormes máquinas que levantan pesadas cargas en el aire. La mayoría de las grúas tienen fuerza por su sistema de poleas. Los edificios y los puentes no podrían construirse sin la fuerza de las poleas.

Manos a la obra:
Haz tu propio aparejo de poleas

Qué necesitas

Dos escobas o palos de escoba
Una cuerda larga
Dos amigos

Qué tienes que hacer

1. Haz que tus amigos se coloquen frente a frente, como a dos metros (cerca de seis pies) el uno del otro.
2. Cada amigo debe tener un palo de escoba. Deben sostener los palos de escoba a la altura de su pecho con ambas manos.
3. Tú ata la cuerda a uno de los palos de escoba.
4. Enrolla la cuerda de un palo al otro. Enróllala por lo menos cuatro o cinco veces. Este es tu aparejo de poleas.
5. Agarra el final de la cuerda y ponte como a dos metros (cerca de seis pies) atrás de uno de tus amigos.
6. Dile a tus amigos que impidan que los palos de escoba se vayan acercando.
7. Jala el final de la cuerda en tus manos.

Tus amigos no pueden quedarse en el mismo sitio. Se verán jalados el uno hacia el otro. El aparejo que hiciste te da mayor fuerza. Intenta este truco con dos adultos y verás que eres más fuerte que ellos.

Conoce las palabras

cable—cuerda pesada, fuerte, generalmente hecha de metal

cargas—cualquier cosa a la que se le aplica fuerza

fuerza—vigor físico, fortaleza

herramienta—cualquier cosa empleada por una persona para hacer un trabajo

ranura—canal liso tallado en la superficie de una herramienta

Más lecturas

Glover, David. *Pulleys and Gears.* Simple Machines. Crystal Lake, Ill.: Rigby Interactive Library, 1997.

Rowe, Julian and Molly Perham. *Make It Move!* Chicago: Children's Press, 1993.

VanCleave, Janice. *Janice VanCleave's Machines.* New York: Wiley, 1993.

Índice

aparejo, 9, 19
aparejo de poleas, 19
ascensor para esquiar, 15
astas de banderas, 11
barcos, 19
cable, 15, 17
cadena, 7, 9
carpas, 19
cuerdas, 7, 9
grúas, 21
herramienta, 5
madera, 9

máquinas, 5, 21
marineros, 19
metal, 9
plástico, 9
polea fija individual, 11
polea movible individual, 13, 15
puente levadizo, 17
puentes, 21
roldana, 7, 9, 11, 17, 19
sistema de poleas, 9, 17, 19, 21
trabajadores de los circos, 19
velas, 19